8 Décembre 1905

V

VENTE

HOTEL DROUOT — SALLE N° 1

Les Vendredi 8 et Samedi 9 Décembre 1905

À 2 HEURES

BEAUX MEUBLES

Anciens et de Styles

OBJETS D'ART - SCULPTURES

TABLEAUX

ANCIENNES TAPISSERIES

TAPIS D'ORIENT

Mᵉ F. LAIR-DUBREUIL
COMMISSAIRE-PRISEUR
6, Rue de Hanovre, 6

M. Arthur BLOCHE
EXPERT PRÈS LA COUR D'APPEL
51, Rue Saint-Georges, 51

EXPOSITION PUBLIQUE

Le Jeudi 7 Décembre 1905, de 2 heures à 6 heures

CATALOGUE

DE

BEAUX MEUBLES

ANCIENS & DE STYLES

Salons, Salle à manger, Chambres à coucher, Bureaux
Chiffonniers, Tables
Consoles, Encoignures, Armoires, Bahuts
Lits, Bibliothéques
Billard, Commodes, Ecrans, Sièges variés

OBJETS D'ART - SCULPTURES

Marbres, Bronzes, Bois sculptés, Terres cuites
Porcelaines, Faïences

OBJETS DE VITRINE

TAPISSERIES ANCIENNES

Tapis d'Orient — Tentures — Tableaux

DONT LA VENTE AURA LIEU

HOTEL DROUOT, SALLE N° 1

Les Vendredi 8 et Samedi 9 Décembre 1905

A 2 HEURES

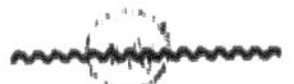

Mᵉ F. LAIR-DUBREUIL	**M. Arthur BLOCHE**
COMMISSAIRE-PRISEUR	EXPERT PRÈS LA COUR D'APPEL
6, rue de Hanovre, 6	51, rue Saint-Georges, 51

EXPOSITION PUBLIQUE

Le Jeudi 7 Décembre 1905, de 2 heures à 6 heures

DESIGNATION

MEUBLES

1 — Bureau à cylindre en bois de rose et palissandre; poignées et entrées de serrures en bronze. Epoque Louis XVI, dessus de marbre blanc.

2 — Petit bureau de dame en acajou forme à cylindre à moulures de cuivre, dessus de marbre blanc à galerie de cuivre. Epoque Louis XVI.

3 — Chiffonnier à six tiroirs en palissandre orné de bronzes. Epoque Régence.

4 — Petite table ovale en acajou et cuivres à tablette d'enjambe. dessus de marbre blanc à galerie de cuivre.

5 — Chiffonnier en acajou Louis XVI garni de trois tiroirs et ouvrant à deux portes, orné dans la partie supérieure d'une frise en bronze.

6 — Console Louis XVI en acajou avec porte, dessus de marbre blanc à galerie de cuivre.

7 — Deux encoignures Louis XV en bois de rose ouvrant à quatre portes dont deux grillagées. Dessus de marbre blanc à galerie de cuivre.

8 — Petite armoire Louis XVI en acajou ouvrant à deux vantaux surmontés de deux tiroirs, à dessus à galerie de cuivre.

9 — Bahut en bois sculpté à deux corps séparés par deux tiroirs. Epoque Louis XIII.

10 — Bureau à dos d'âne en noyer garni de cuivres. Epoque Louis XV.

11 — Table Louis XVI en bois sculpté, dessus en marbre royal.

12 — Table jardinière en bois sculpté et doré.

13 — Bureau forme à dos d'âne en bois de placage. Epoque Louis XV.

14 — Console en bois sculpté et doré, sur quatre pieds reliés par une entrejambe ornée d'une statuette d'amour, dessus en marbre Languedoc. xviiie siècle.

15 — Meuble d'entre-deux ouvrant à trois vantaux en bois satiné et orné de bronzes dorés, dessus en marbre de la maison Grohé.

16 — Beau lit de milieu en acajou, parties cannées, de style Louis XVI. Le panneau de tête est surmonté d'une guirlande de fleurs et d'attributs de musique en bronze finement ciselé et doré; au pied, le panneau central est décoré d'un vase placé au milieu de rinceaux, de feuillages et de cariatides également en bronze ciselé et doré. Travail de la maison ROUSSEAU.

17 — Deux tables de chevet à étagères en acajou et bronze ciselé et doré de style Louis XVI. La partie supérieure est supportée par quatre cariatides en bronze doré; pieds à entrejambe en bronze.

18 — Bibliothèque en noyer sculpté et ciré de style Louis XV ouvrant à deux portes vitrées, de la maison JULES ALLARD.

19 — Bibliothèque en noyer sculpté et ciré ouvrant à trois portes vitrées; fronton à écusson supporté par deux colonnes cannelées.

20 — Bureau ministre à double face en noyer sculpté et ciré. Style XVe siècle.

21 — Fausse cheminée en noyer sculpté et ciré; montants cannelés et feuillagés, bandeau à oves et mufles de lions; surmontée d'une glace biseautée dans un encadrement à colonnes détachées.

22 — Ameublement de salle à manger en noyer sculpté de style Henri II composé de : un grand buffet à deux corps, un dressoir avec étagère, une table à quatre allonges et huit chaises garnies en cuir.

23 — Ameublement de chambre à coucher en noyer de style Renaissance composé de : un lit de milieu, une armoire à glace biseautée et une table de nuit chiffonnier.

24 — Beau billard en palissandre verni.

25 — Armoire normande en chêne sculpté.

26 — Armoire normande sculptée.

27 — Commode en acajou garnie de bronzes ciselés et dorés, dessus de marbre blanc. Epoque Premier Empire.

28 — Lit en acajou et filets de cuivre. Style Louis XVI.

29 — Bibliothèque tournante en palissandre ciré de Terquem.

30 — Ecran en bois sculpté et doré en tapisserie.

31 — Table à jeu en marqueterie de bois ornée de cuivres.

32 — Table bijoutière en bois sculpté et laqué blanc forme ronde, bandeau à jour, sur quatre pieds cannelés et feuillagés dessus formant vitrine.

33 — Deux petites consoles d'applique en bois doré et sculpté; dessus de marbre blanc. Style Louis XV.

34-35 — Deux lits d'enfant en acajou ornés de bronzes. Premier Empire.

36 — Table de style oriental, à quatre pieds, ornée d'incrustations de nacre et de métal.

37 — Petite bibliothèque en noyer sculpté. Style Louis XV, ouvrant à deux portes vitrées décorées de peintures.

38 — Petite table à étagère en bois décoré de fleurs et d'oiseaux en couleur.

39 — Fausse cheminée garnie en peluche grenat à fleurs de lys.

40 — Table support à étagère en chène sculpté.

41 — Fauteuil en bois sculpté d'époque Louis XV, garni en drap rouge.

42 — Bergère en bois sculpté et laqué blanc de style Louis XVI, garnie en soie brochée fond bleu ciel à bandes de fleurs.

43 — Douze chaises en acajou.

44 — Beau meuble de salon de style Louis XV, en bois
sculpté et doré dessin à guirlande perlés de feuillage et
couvert en velours frappé cerise dessin à fleurs composé d'un canapé, quatre fauteuils deux chaises et un
tabouret de piano. (De la maison KRIEGER-DAMON).

45 — Meuble de salon de style Louis XV en bois sculpté
et doré couvert en tapisserie d'Aubusson, à bouquets
de fleurs sur un fond crème et contre-fond bleu ciel.
Il se compose d'un canapé quatre fauteuils et deux
chaises.

46 — Table à coiffer de style Louis XVI, en acajou orné
de bronzes.

47 — Vitrine Louis XV en noyer sculpté orné dans le bas
d'une peinture représentant une pastorale.

48 — Canapé en bois sculpté et doré. Style Louis XV,
couvert en satin rouge rayé.

49 — Petit meuble dit bargueno.

50 — Meuble orné d'une marqueterie de cuivre sur fond
d'écaille.

51 — Meuble bargueno à deux corps.

52 — Meuble bargueno.

53 — Table à jeu en noyer ciré renfermant les jeux de
roulette, jacquet, dominos, etc.

54 — Table à coiffer en marqueterie de bois ornée de bronzes dorés. Style Louis XV.

55 — Vitrine en bois de luxe orné de bronzes ciselés. Epoque Restauration.

56 — Paravent en bois sculpté à trois feuilles gainées de soierie à guirlandes de fleurs, orné dans le haut de glaces biseautées. Style Louis XVI.

57 — Buffet en bois sculpté de style gothique.

58 — Meuble à étagères orné d'incrustations d'ivoire et de nacre. Travail chinois.

59 — Console dorée de style Louis XVI, dessus en marbre blanc.

60 — Table de salon ovale en bois noir ornée de bronzes dorés.

61 — Vitrine en bois noir s'ouvrant à une porte.

62 — Causeuse en bois sculpté et doré recouverte de soierie rouge à fleurs.

63 — Table en bois sculpté et doré dessus en marbre blanc. Style Louis XVI.

SCULPTURES

64 — Beau buste en marbre représentant Jane Grey en riche costume de cour, un manteau doublé d'hermine jeté sur les épaules.

65 — Beau buste en marbre représentant Mary Tudor drapée dans un manteau d'hermine, enrichi de perles et de pierreries.

66 — Buste en marbre : Manon, par AMÉLIE COLOMBIER. Signé.

67 — Statuette polychromée : Carmencita, signée AMÉLIE COLOMBIER.

68 — Statuette de liseuse en marbre blanc, par CARRIER BELLEUSE.

69 — Buste de sainte femme en marbre blanc.

70 — Bas-relief en marbre : La Vierge et l'Enfant Jésus. Cadre en bois noir.

71 — Bas-relief en marbre : Baigneuse, dans un cadre en bois noir

72 — Grand groupe en plâtre : La Vierge et l'Enfant.

73 — Statuette de Vierge en bois doré placée sous un dais à feuillages supportant une couronne.

74-75 — Deux statues d'Indiens en terre cuite.

76 — Statue de nègre en terre cuite.

77 — Grand groupe en bois sculpté représentant la Vierge assise tenant l'Enfant Jésus sur ses genoux, xvᵉ siècle, posant sur un socle.

BRONZES

OBJETS D'ART ET DE CURIOSITÉ

78 — Garniture de cheminée en bronze doré, composé de : une pendule et deux candélabres à trois lumières. Commencement du xixᵉ siècle.

79 — Grand lustre en bronze garni de cristaux, à vingt-quatre lumières.

80 — Garniture de cheminée en bronze doré, de style rocaille, composée de : une pendule, deux candélabres et deux flambeaux.

81 — Paire de chenets en bronze doré, modèle à rocailles;

82 — Petit lustre à neuf lumières en bronze orné de cristaux.

83 — Paire d'appliques à trois lumières en bronze et cristaux.

84 — Lampe de parquet en bronze doré avec tablette guéridon en marbre blanc, disposée pour l'électricité.

85-86 — Quatre appliques en bronze doré à cariatides de femme supportant dix lumières.

87 — Médaillon en bronze doré représentant en relief, la Vierge. Cadre en bois sculpté et doré.

88 — Groupe en bronze de Barye : Cerf attaqué par un tigre.

89 — Groupe en bronze formant porte-allumettes : Chiffonnier lisant la gazette.

90 — Groupe en bronze : Piqueur et chiens.

91 — Deux grandes lampes en cloisonné de Bohème montées en bronze.

92 — Pendule en bronze doré à motifs feuillagés. Premier Empire.

93 — Mortier en bronze.

94 — Rouet ancien.

95 — Deux cadres en bois noir à ornements dorés.

96 — Deux panneaux en bois sculpté d'époque Louis XIV.

97 — Deux plateaux en laque.

98 — Instrument de musique dans sa boîte en palissandre et bois de rose.

99 — Cartel en bronze doré orné de guirlandes de fleurs et lauriers cadran signé ETIENNE DE NOIR. Epoque Louis XVI.

100-101 — Deux vases en marbre blanc, montures en bronze doré. Style Louis XVI.

102 — Vase Louis XVI, en porcelaine fond bleu de Sèvres décor à gerbes de fleurs. Monture en bronze ciselé et doré.

103 — Garniture de cheminée en bronze, composé : d'une pendule, Groupe d'amours supportant une boule et de deux candélabres formés de deux statuettes d'amours portant des branches de lumière, socles en marbre blanc.

104 — Deux lampes en marbre ornées de bronzes ciselés et dorés (disposées pour l'électricité).

105 — Paire d'appliques en bronze doré en forme de branche de fleurs préparée pour l'électricité.

106 — Petit bas-relief en biscuit : Jeune fille au papillon.

107 — Bouclier persan en fer gravé.

108 — Quatre colonnes torses en bois sculpté. Epoque Louis XIII.

109 — Statuette de vierge en bois sculpté. XVIIe siècle.

110 — Poire à poudre Renaissance en corne gravée à sujet de chasse.

111 — Porte-huilier en tôle peinte. Premier Empire.

112 — Petite glace sur socle en vernis Martin, décor à fleurs sur fond jaune. Premier Empire.

113 — Vielle époque Louis XIII.

114 — Cithare ancienne.

115 — Paire d'appliques en bronze.

116 — Poignée de rampe d'escalier.

117 — Coffret arabe.

118 — Panneau en vernis Martin représentant une armoirie.

119 — Paire de girandoles en argent ciselé style Louis XV (disposées pour l'électricité).

121 — Statuette de nymphe assise ; en bronze, **signée** Canova.

122 — Statuette en bronze argenté : Baigneuse, signée Coclez.

123 — Statuette en bronze : Jockey, signée Mène.

124 — Buste en bronze : Marguerite de Valois.

125 — Paire de vases en bronze ornés de bas-reliefs à jeux d'enfants.

126 — Groupe en bronze : L'Inspiration, signé Rancoulet.

127 — Paire de girandoles de style Louis XV à cinq lumières en bronze argenté disposées pour l'électricité.

128 — Deux bustes en bronze : Bacchant et Bacchante Edition Barbedienne.

129 — Garniture de cheminée en marbre et bronze composée d'une pendule surmontée d'une statuette de **Diane de Gabié**, de deux flambeaux et de deux candélabres à six lumières.

130 — Paire de chenêts de même travail.

131 — Paire de flambeaux en bronze doré. Style Louis XVI.

132 — Surtout de table formé d'une coupe en cristal supportée par deux statuettes de femmes en bronze argenté et doré.

133 — Garniture de cheminée en bronze doré, composée d'une pendule surmonté d'une figurine allégorique d'amour et de deux candélabres de même travail, à six lumières, signée Mathurin Moreau.

134 — Grand brûle-parfums en bronze de Chine formé par un éléphant caparaçonné supportant une pagode.

135 — Paire de candélabres en bronze : Femmes drapées portant des vases d'où s'échappent six branches de lumières, signés Ferrat.

136 — Deux anges en bronze doré.

137 — Grand plat repoussé et argenté offrant une scène mythologique.

138 — Cassolette en cuivre cloisonné décor aux poissons sur fond bleu turquoise, anses et poignée forme écrevisses en bronze doré.

139 — Groupe en racine de mandragore sculptée : Personnage et enfant.

140 — Milieu de table en bronze argenté. Style Louis XV.

141 — Coffret à bijoux en marqueterie style de Boule, orné de bronzes.

142 — Deux grandes appliques à trois lumières en bronze doré à figures d'amours tenant une flèche et carquois.

143 — Grand lampadaire avec lampe cloisonnée.

144-145 — Deux coffrets et deux boites longues anciennes de la Perse, décor à fleurs et personnages.

146-148 — Neuf glaces anciennes persanes décorées de fleurs et personnages.

149-151 — Dix petites glaces anciennes persanes décor à fleurs, personnages et incrustations.

152 — Quatre étuis et une boite décor à fleurs et personnages en bois et fer damasquiné. Travail Persan.

153-154 — Trois pièces en ancienne faience Persane.

155 — Bol et marmite en cuivre gravé. Travail ancien de la Perse.

156 — Grand coffre rond en cuivre gravé servant pour le bain. Travail ancien de la Perse.

157 — Plateau rond ancien de la Perse en cuivre gravé.

158-159 — Cinq jardinières en cuivre gravé. Travail ancien de la Perse.

160 — Flambeau ancien persan en cuivre ajouré.

161 — Bol, plateau et accessoires pour service religieux en cuivre gravé. Travail ancien Persan.

162 — Vase ancien Persan en cuivre gravé.

163 — Cinq petits bols et une soucoupe en cuivre gravé. Travail ancien de la Perse et de l'Inde.

PORCELAINES, FAIENCES

164 — Coffret composé de cinq plaques en porcelaine de Capo di Monte à sujets mythologiques, monture en bronze ciselé et doré.

165 — Garniture de cinq pièces en ancienne faïence de Delft à décor polychrome.

166 — Grande jardinière de forme octogonale en ancienne faïence de Nevers, décor bleu et rouille, anses à mascarons.

167 — Vase en ancienne faïence à décor d'oiseaux perchés.

168 — Plaque en ancienne faïence de Nevers : Christ en croix.

169 — Bol en porcelaine de Chine fond bleu à rehauts d'or et réserves de fleurs.

170 — Cache-pot en faïence à décor bleu, sur socle en bois noir.

171 — Paire de grands vases en faïence hispano-mauresque à reflets métalliques.

172 — Plat rond en faience italienne, offrant au centre Neptune, bordure ornementée en jaune sur fond blanc.

173 — Vase en terre cuite peinte du Mexique à mascarons.

174 — Médaillon en faience : saint en prière, cadre en ébène.

175 — Groupe équestre en faience d'Avignon. xviie siècle.

176 — Plat de Perse, décor gros bleu, oiseaux et fleurs.

177 — Petit compotier en faience de Perse.

178 — Paire de vases en porcelaine bleue genre de Sèvres, monture en bronze doré.

179 — Paire de vases en porcelaine d'Allemagne, décor à scènes galantes sur fond rouge. montures en bronze de style Louis XVI.

180 — Grand vase en porcelaine de Chine bleu fouetté, décoré de personnages en relief.

181 — Groupe en porcelaine de Saxe : la Bergère endormie.

182 — Paire de vases en porcelaine de Chine, décor à fleurs et personnages.

183 — Vase en porcelaine de Saxe, monture en bronze.

184-189 — Six plats en faience de Delft, décor en bleu sur blanc.

187 — Paire de vases en porcelaine de Chine, décor à fleurs.

188-189 — Trois vases en porcelaine de Chine, décor à fleurs.

190-191 — Trois petites théières en jade.

192-194 — Cinq petits sujets chinois en jade sculpté.

OBJETS DE VITRINE

195 — Montre en or ciselé d'époque Louis XVI.

196 — Montre en or ciselé, cadran et boîtier à entourage de demi-perles.

197 — Bracelet souple en or découpé, fermoir orné d'une petite miniature : portrait de femme Louis XVI.

198 — Broche forme écusson en argent ciselé à figures d'amours, coquille et guirlandes de roses, ornés au centre d'une améthyste taillée.

199 — Pendentif normand en or.

200 — Cachet-breloque en or.

201 — Clef de montre en or ciselé et cornaline.

202 — Petit étui à torsades en or.

203 — Petite croix en argent montée de six roses anciennes.

204 — Broche ovale en argent et marcassites.

205 — Broche forme nœud en argent et cailloux du Rhin.

206 — Médaillon en nacre, petite croix en nacre et or.

207 — Agrafe de manteau en argent. Travail hollandais.

208 — Dix coques de montres.

209 — Carnet en argent forme éventail.

209 *bis* — Dix couteaux époque Louis XVI.

210 — Nécessaire en ivoire avec accessoires en argent. Epoque Ier Empire.

211 — Tabatière à musique époque Ier Empire.

212 — Bible avec couverture en argent repoussé. Epoque Louis XIII.

213 — Crochet en argent filigrané. Epoque Louis XVI.

214 — Couverture de livre en argent repoussé. Travail hollandais.

215 — Reliquaire en argent Louis XIV.

216 — Médaillon émaillé orné de perles fines.

247 — Broche ornée d'une miniature.

218 — Bague en argent ornée de strass.

219 — Broche en argent enrichie d'un grenat.

220 — Miniature : portrait d'homme Louis XVI.

221 — Miniature : portrait de femme Louis XVI.

222 — Deux petites statuettes en biscuit.

223 — Triptyque en émail représentant un sujet religieux, cadre en bois sculpté.

224 — Grande bonbonnière ornée d'une miniature. portrait de femme.

225 — Petite bonbonnière, couvercle orné d'une miniature, portrait de femme.

226 — Bonbonnière en ivoire et tabatière en bois offrant sur le couvercle un chien courant.

227-228 — Deux éventails anciens Louis XVI en ivoire feuilles peintes offrant des médaillons à personnages.

229 — Deux chimères en pierre de lare sculptée de Chine.

230 — Montre en argent repoussé à double boitier, cadran émaillé, chaîne en argent avec breloque forme cheval.

231 — Pelle à gâteaux en argent, manche en agate.

232 — Quatre groupes en ivoire sculpté de Chine : squelettes et grenouilles.

233 — Miniature sur écaille : portrait de femme xvııı° siècle, cadre en bronze.

234 — Deux reliquaires en argent et un autre en cuivre. xvııı° siècle.

235 — Reliquaire avec chaine en argent.

236 — Montre ancienne en or avec applique et entourage en diamants.

237 — Médaillon en émail représentant un saint, cadre en argent doré. xvııı° siècle.

238 — Epingle en or ornée de trois perles et d'une rose.

239 — Petit collier en perles imitation.

240 — Epingle enrichie de trois saphirs et d'une rose.

241 — Epingle en or.

242 — Croix en or.

243 — Petit broche en or, forme papillon, avec rubis et saphirs.

244 — Broche barette en or.

245 — Bague en or ornée d'un brillant, d'un saphir, d'un
rubis.

246 — Montre en métal Watcrbury.

247 — Montre en argent mystérieuse.

248 — Jeu de petits chevaux dans une montre en métal.

TAPISSERIES

TENTURES — TAPIS D'ORIENT

249 — Décoration de salon ou salle à manger en huit parties, d'ancienne tapisseries d'Aubusson, représentant
dans des paysages boisés, des groupes allégoriques, de
personnages et d'enfants faisant la moisson. la ven-
dange, chassant ou se livrant à d'autres travaux cham-
pêtres. xviii⁰ siéole.

250 — Très jolie tapisserie d'Aubusson, offrant au premier
plan sur les bords d'une rivière, un groupe de trois
personnages se livrant à la pêche et à différents travaux, à gauche, on aperçoit un navire à voile, à droite,
un pont et dans le fond la perspective d'une ville, bordure simulant un encadrement à moulures fleuries.
xviiie siècle.

251 — Panneau en ancienne tapisseries d'Aubusson représentant l'apparition de Junon à Jupiter, bordure à rinceaux.

252 — Deux portières en ancienne tapisserie au point offrant des vases au milieu d'arabesques et rinceaux feuillagés.

253 — Tapisserie ancienne d'Aubusson, représentant des groupes de volatiles près d'un château, dans un paysage, bordure à palmes et fleurs.

254 — Belle tapisserie Louis XIV, représentant un retour de chasse, bordure à fleurs et amours sur les côtés.

255 — Tapisserie Henri II, représentant une scène de chasse à nombreux personnages, jolie bordure à fleurs.

256 — Portière en ancienne tapisserie-verdure fond de paysage, fleurs et oiseaux : encadrée de peluche verte.

257 — Portière en ancienne tapisserie à personnages, encadrée de peluche verte.

258 — Deux encadrements de fenêtres et un tapis de table en peluche grenat à fleurs de lys.

259 — Six paires de rideaux et une tenture murale en reps de soie rouge.

260 — Cantonière en velours fond rouge composée d'un bandeau et deux pentes décorés de colonnes, d'ornements, mascarons et rosaces peints et brodés.

261 — Bandeau en ancien filet italien.

262 — Deux paires de rideaux de fenêtres et deux portières en cretonne à fleurs.

263 à 266 — Quatre tapis d'Orient à décors variés.

267 — Tapis ancien d'Ispahan fond bleu bordure rouge, dessin à fleurs, rosaces et palmettes.

268 — Tapis ancien de la Perse à dessin polychrome.

269 — Carpette ancienne de Perse, fond rouge, dessin à fleurs et rosaces.

270 — Carpette ancienne de Bouchara fond rouge, dessin polychrome.

271 — Grand tapis ancien d'Ispahan fond bleu à dessins d'arbustes et de fleurs, bordure fond rouge.

272 — Tapis ancien d'Ispahan. fond bleu à arbustes fleuris.

273 — Grand tapis ancien d'Ispahan fond bleu et rouge, dessin à fleurs et rosaces.

274 — Fragment de tapis d'Ispahan, fond bleu à fleurs.

275 — Deux beaux tapis dOrient à dessin polychrome.

276 — Morceau d'étoffe en brocart bleu.

277 — Morceau d'étoffe rayée sur fond rose. Epoque Louis XVI.

278 — Trois morceaux de broderie sur toile. Travail Persan.

279 — Bannière brodée à sujet religieux. xvie siècle.

280 — Trois paires de rideaux en peluche de soie grenat doublés en soie, encadrement de velours de Gênes.

281 — Deux rideaux et une portière en peluche de soie bleue avec passementerie et embrasses assorties.

282 — Deux rideaux à l'Italienne, en soie grenat.

283 — Deux draperies de cheminée avec bandeaux en panne rouge, garnies d'applications de galons de Cluny.

284 — Paire de rideaux en imitation de tapisserie à fleurs.

285 — Bandeau de fenêtre et bandeau de cheminée en ancienne tapisserie à fleurs et feuillages.

286 — Quatre mètres de dentelles.

287-288 — Quatre chasubles en soïerie, garnies de galons. XVIIIe siècle.

TABLEAUX

289 — **Astier**. *Coucher de soleil.*

290 — **Barrillot.** *Paysage.*

291 — **Dolci (d'après Carlo.)** *Sainte Agnès.*

292 — **Dolci (d'après).** *Sainte Madeleine.*

293 — **Filipponi.** *Paysage italien avec figures et animaux.*

294 — **Kray (W.).** *Famille italienne sur une route.*

295 — **Kray (W.).** *La Prière devant la Croix.*

296 — **Meunier.** *Moutons dans un paysage.*
    Signé et daté.

297 — **Périgaud.** *Fleurs de capucines.*

298 — **Thy (A. du).** *Bord de rivière. Paysage.*

299 — **Thy (A. du).** *Paysage suisse.*

300 — **Ecole française.** *Paysages animés dë personnages.*
    Deux petits dessins rehaussés de gouache.
    Cadres en bois sculpté.

301 — **Ecole française.** *La Femme au chien.*
    Grisaille, dessus de glace.

302 — **Ecole italienne.** *La Vierge.*
    Petite peinture sur bois.

303 — **Ecole moderne.** *Léda et le Cygne.*
    Deux petits tableaux se faisant pendants.

304 — Gravure. Scène galante.

305 — Kakémono. Femme dans un paysage.

306 — Objets omis.